essentials

Karin Nickenig

Kassenbuchführung

Allgemeine Grundlagen und Änderungen ab 2017

Karin Nickenig
Mülheim-Kärlich, Deutschland

ISSN 2197-6708   ISSN 2197-6716   (electronic)
essentials
ISBN 978-3-658-15693-0   ISBN 978-3-658-15694-7   (eBook)
DOI 10.1007/978-3-658-15694-7

Die Deutsche Nationalbibliothek verzeichnet diese Publikation in der Deutschen Nationalbibliografie; detaillierte bibliografische Daten sind im Internet über http://dnb.d-nb.de abrufbar.

Springer Gabler

Gedruckt auf säurefreiem und chlorfrei gebleichtem Papier

Springer Gabler ist Teil von Springer Nature
Die eingetragene Gesellschaft ist Springer Fachmedien Wiesbaden GmbH
Die Anschrift der Gesellschaft ist: Abraham-Lincoln-Strasse 46, 65189 Wiesbaden, Germany

Was Sie in diesem *essential* finden können

Mit diesem *essential* erhalten Sie einen kompakten und einfachen Einstieg in das Wesen der Kassenbuchführung. Sie erhalten u. a. einen Überblick über

- die Kassenbuchführung als wesentlicher Bestandteil des externen Rechnungswesens
- gesetzliche Vorschriften zur Aufzeichnung steuerlich relevanter Geschäftsvorfälle
- die unterschiedlichen Kassenarten
- die Gründe für eine Verschärfung der Regelungen zur Kassenbuchführung
- die bevorstehenden gesetzlichen Änderungen ab dem 01.01.2017

Vorwort

Dieses *essential* soll sowohl dem Laien als auch dem Praktiker die Kassenbuchführung als wesentlicher Bestandteil des betrieblichen Rechnungswesens mit den geplanten Änderungen ab dem 01.01.2017 näher bringen. Diese Neuregelungen betreffen nahezu jeden Unternehmer, welcher mit Bargeschäften zu tun hat. Der Grund für die Verschärfung der Vorgaben zur Kassenbuchführung und die Hinterfragung der bestehenden eingesetzten Kassenarten/-systeme werden Bestandteile dieses *essentials* sein. Auch die Frage in Bezug auf die Notwendigkeit elektronischer Registrierkassen soll thematisiert werden. Neben den einzelnen Kassenarten wird dem interessierten Leser auch auszugsweise ein Einblick in die Vorgaben der GoBD (Grundsätze zur ordnungsmäßigen Führung und Aufbewahrung von Büchern, Aufzeichnungen und Unterlagen in elektronischer Form sowie zum Datenzugriff) gewährt. Der Anspruch auf Vollständigkeit aller möglichen Fallsituationen kann in diesem *essential* leider nicht erhoben werden, da dies den Rahmen dieser Lektüre sprengen würde. Die „Kassenbuchführung" soll dem Leser eher einen kompakten, fundierten und nachvollziehbaren Überblick über aktuell bestehende Vorschriften und geplante Neuregelungen liefern.

▶ Bitte fragen Sie in Ihrem konkreten Fall Ihren steuerlichen Berater! Die Inhalte dieser Lektüre dienen nicht als Ersatz einer Steuerberatung.

Mülheim-Kärlich, Deutschland   Karin Nickenig

Inhaltsverzeichnis

Die Kassenbuchführung – ein wichtiger Bestandteil des externen Rechnungswesens

1

Die Kassenbuchführung ist ein wichtiger Bestandteil des externen Rechnungswesens (Buchführung). Sie ist für manche Unternehmen besonders wichtig, nämlich für diejenigen, welche intensive Bargeschäfte tätigen; für andere Unternehmen spielt sie lediglich eine eher untergeordnete Rolle. Bisher...

Denn: Ab dem 01.01.2017 erwartet die Unternehmen einschneidende Änderungen bei der Kassenführung, auf die in den nachfolgenden Kapiteln dieses Buches näher eingegangen wird.

1.1 Allgemeine Hinweise zur Kassenbuchführung

Grundsätzlich ist kein Unternehmer gesetzlich verpflichtet, die Kassenbuchführung mit einer elektronischen Registrierkasse zu erstellen. Eine „offene" Kasse ist erlaubt. Jedoch sind auch hier „Spielregeln" zu beachten, die besonders bei Unternehmen mit umfangreichen Bargeschäften (z. B. Gastronomie, Einzelhandel) eine wichtige Rolle spielen.

Am 13.07.2016 wurde hierzu ein Gesetzentwurf („Kassengesetz")[1] [1] veröffentlicht. Mit Hilfe dieses geplanten „Gesetz zum Schutz vor Manipulation an digitalen Grundaufzeichnungen" [1] soll der Steuerhinterziehung im Hinblick auf die Kassenbuchführung vorgebeugt werden.

---

[1]Die geplanten gesetzlichen Neuregelungen, die anhand des Regierungsentwurfs vom 13.07.2016 dargestellt werden, sind in diesem *essential* mit einem „E" versehen, um deutlich zu machen, dass hier noch keine Verabschiedung erfolgt ist.

© Springer Fachmedien Wiesbaden 2017
K. Nickenig, *Kassenbuchführung*, essentials,
DOI 10.1007/978-3-658-15694-7_1

Neben einem technologieoffenen zertifizierten System sieht dieser Entwurf auch eine Kassen-Nachschau vor, die es einem Betriebsprüfer ermöglicht, unangemeldet im Betrieb zu erscheinen und die Kassenbuchhaltung zu prüfen.

Grundsätzlich ist jeder Unternehmer, der Bargeschäfte tätigt, an gesetzliche Vorschriften in der Abgabenordnung gebunden. Hiernach hat er die Buchungen z. B. vollständig, richtig, zeitgerecht und geordnet vorzunehmen.

§ 146 AO – Ordnungsvorschriften für die Buchführung und für Aufzeichnungen

(1) Die Buchungen und die sonst erforderlichen Aufzeichnungen sind vollständig, richtig, zeitgerecht und geordnet vorzunehmen. Kasseneinnahmen und Kassenausgaben sollen täglich festgehalten werden […][2].

In welcher Form die Aufzeichnungen erfolgen sollen bzw. sollten, war bisher und wird auch zukünftig nicht explizit vorgeschrieben.

Setzt der Unternehmer jedoch ein elektronisches Kassensystem ein, hat er auch die gesonderten Vorgaben zu beachten, die im Rahmen des geplanten Gesetzes vorgesehen sind.

Allen Unternehmern, die Kassenbücher führen, ob freiwillig oder gesetzlich vorgeschrieben, ist gemein, dass jede Bareinnahme und jede Barausgabe durch einen Beleg nachweisen müssen („Belegprinzip").

▶ Jeder Unternehmer muss sich an die gesetzlichen Vorgaben halten und im Bedarfsfall seinen steuerlichen Berater kontaktieren!

1.2   Personenkreis

Nun muss zunächst die Frage geklärt werden, wer überhaupt zur Kassenbuchführung verpflichtet ist. Unterschieden werden soll zwischen „Einnahmen-Überschuss-Rechnern" und „Bilanzierenden".

1.2.1   Einnahmen-Überschuss-Rechner

Der Einnahmen-Überschuss-Rechner ermittelt seinen betrieblichen Erfolg (Gewinn oder Verlust) durch Gegenüberstellung von betrieblichen Einnahmen und Ausgaben gemäß § 4 (3) EStG:

§ 4 EStG – Gewinnbegriff im Allgemeinen

[…] (3) [1]Steuerpflichtige, die nicht auf Grund gesetzlicher Vorschriften verpflichtet sind, Bücher zu führen und regelmäßig Abschlüsse zu machen, und die auch keine Bücher führen und keine Abschlüsse machen, können als Gewinn den Überschuss der Betriebseinnahmen über die Betriebsausgaben ansetzen […][3].

Der Einnahmen-Überschuss-Rechner ist – anders als der bilanzierende Unternehmer – grundsätzlich nicht zur Kassenbuchführung verpflichtet.

Wie bereits erwähnt, ermittelt er seinen Gewinn, in dem er die betrieblichen Einnahmen den betrieblichen Ausgaben nach dem Zufluss-/Abflussprinzip (§ 11 EStG)[4] gegenüberstellt. Bestandskonten (wie z. B. das Konto „Kasse") gibt es hierbei – anders als bei den bilanzierenden Unternehmern – nicht.

Es ist unerheblich, in welcher Form die betrieblichen Einnahmen erzielt werden. Wichtig ist, dass die Aufzeichnungspflicht sowohl für Barumsätze als auch für alle übrigen Umsätze zum Zwecke der korrekten Besteuerung beachtet wird.

Die umsatzsteuerliche Aufzeichnungspflicht ergibt sich aus dem § 22 UStG[5]:

§ 22 UStG – Aufzeichnungspflichten

(1) Der Unternehmer ist verpflichtet, zur Feststellung der Steuer und der Grundlagen ihrer Berechnung Aufzeichnungen zu machen […][5].

So müssen alle Umsätze getrennt nach Steuersätzen aufgezeichnet werden, um die korrekte Umsatzsteuerschuld zu ermitteln:

§ 22 UStG – Aufzeichnungspflichten

[…] (2) Aus den Aufzeichnungen müssen zu ersehen sein:

1.die vereinbarten Entgelte für die vom Unternehmer ausgeführten Lieferungen und sonstigen Leistungen. Dabei ist ersichtlich zu machen, wie sich die Entgelte auf die steuerpflichtigen Umsätze, getrennt nach Steuersätzen, und auf die steuerfreien Umsätze verteilen. […] Bei der Berechnung der Steuer nach vereinnahmten Entgelten […] treten an die Stelle der vereinbarten Entgelte die vereinnahmten Entgelte […][5].

Wurde auf die Steuerbefreiung verzichtet (Option gemäß § 9 UStG)[6], ist auch dieses in den Aufzeichnungen kenntlich zu machen:

§ 22 UStG – Aufzeichnungspflichten

(2) […]

1. […] Aus den Aufzeichnungen muss außerdem hervorgehen, welche Umsätze der Unternehmer nach § 9 als steuerpflichtig behandelt […][5].

Diese Aufzeichnungspflicht im Sinne des § 22 UStG[5] ist nicht nur für die Ermittlung der Umsatzsteuer-Traglast von Bedeutung, sondern auch im Hinblick auf den möglichen Abzug der Vorsteuer.

Es ist stets darauf zu achten, dass die Aufzeichnungen so geführt werden, dass ein sachverständiger Dritter in der Lage ist, Entgelt und abziehbare Vorsteuern in angemessener Zeit zu ermitteln:

§ 63 UStDV – Aufzeichnungspflichten

(1) Die Aufzeichnungen müssen so beschaffen sein, dass es einem sachverständigen Dritten innerhalb einer angemessenen Zeit möglich ist, einen Überblick über die Umsätze des Unternehmers und die abziehbaren Vorsteuern zu erhalten und die Grundlagen für die Steuerberechnung festzustellen […][7].

Darüber hinaus fordert der Gesetzgeber, dass **Umsätze** wie folgt aufgezeichnet werden können:

§ 63 UStDV – Aufzeichnungspflicht

[…]

(3) Der Unternehmer kann die Aufzeichnungspflichten nach § 22 Abs. 2 Nr. 1 Satz 1, 3, 5 und 6, Nr. 2 Satz 1 und Nr. 3 Satz 1 des Gesetzes in folgender Weise erfüllen:

1. Das Entgelt oder Teilentgelt und der Steuerbetrag werden in einer Summe statt des Entgelts oder des Teilentgelts aufgezeichnet.

2. Die Bemessungsgrundlage […] und der darauf entfallende Steuerbetrag werden in einer Summe statt der Bemessungsgrundlage aufgezeichnet.

3. […] werden die Entgeltsminderung und die darauf entfallende Minderung des Steuerbetrags in einer Summe statt der Entgeltsminderung aufgezeichnet.

[…] Am Schluss jedes Voranmeldungszeitraums hat der Unternehmer die Summe der Entgelte und Teilentgelte, der Bemessungsgrundlagen […] sowie der Entgeltsminderungen […] zu errechnen und aufzuzeichnen […][7].

1.2.2 Bilanzierende

Unternehmer, welche ihren Gewinn im Rahmen eines Betriebsvermögensvergleiches ermitteln („Bilanzierende"), sind stets verpflichtet, Kassenbuch zu führen und die hiermit in Zusammenhang stehenden gesetzlichen Vorgaben zu beachten.

Bilanzierende sind stets buchführungspflichtig. Diese Verpflichtung ergibt sich aus dem Handelsgesetzbuch (HGB) und der Abgabenordnung (AO).

Die handelsrechtliche Verpflichtung zur Aufzeichnung **aller** betrieblichen Geschäftsvorfälle findet sich im § 238 HGB[8]:

§ 238 HGB – Buchführungspflicht

(1) Jeder Kaufmann ist verpflichtet, Bücher zu führen und in diesen seine Handelsgeschäfte und die Lage seines Vermögens nach den Grundsätzen ordnungsmäßiger Buchführung ersichtlich zu machen. Die Buchführung muß so beschaffen sein, daß sie einem sachverständigen Dritten innerhalb angemessener Zeit einen Überblick über die Geschäftsvorfälle und über die Lage des Unternehmens vermitteln kann. Die Geschäftsvorfälle müssen sich in ihrer Entstehung und Abwicklung verfolgen lassen [...][8].

Die steuerlichen Vorgaben finden sich im § 140 AO (Derivative Buchführungspflicht) [9] und im § 141 AO (Originäre Buchführungspflicht)[10].

Derivative Buchführungspflicht

Bei der „derivativen Buchführungspflicht" spricht man auch von der „abgeleiteten Buchführungspflicht":

§ 140 AO – Buchführungs- und Aufzeichnungspflichten nach anderen Gesetzen

Wer nach anderen Gesetzen als den Steuergesetzen Bücher und Aufzeichnungen zu führen hat, die für die Besteuerung von Bedeutung sind, hat die Verpflichtungen, die ihm nach den anderen Gesetzen obliegen, auch für die Besteuerung zu erfüllen.[9]

Sofern ein Unternehmen (z. B. GmbH = Formkaufmann) bereits nach den Vorschriften des Handelsgesetzbuches (z. B. § 6 HGB)[11] zur Buchführung verpflichtet ist, so hat es diese Pflicht auch z. B. nach den Vorgaben der Abgabenordnung (Steuerrecht) zu erfüllen.

Originäre Buchführungspflicht

Bei der „selbständigen (originären) Buchführungspflicht" besteht die Pflicht zur Buchführung aufgrund des Überschreitens bestimmter Grenze, die im § 141 AO[10] aufgeführt sind:

§ 141 AO – Buchführungspflicht bestimmter Steuerpflichtiger

(1) Gewerbliche Unternehmer sowie Land- und Forstwirte, die nach den Feststellungen der Finanzbehörde für den einzelnen Betrieb

1. Umsätze einschließlich der steuerfreien Umsätze, ausgenommen die Umsätze nach § 4 Nr. 8 bis 10 des Umsatzsteuergesetzes[12], von mehr als 600.000 EUR im Kalenderjahr oder

[…]

3. selbstbewirtschaftete land- und forstwirtschaftliche Flächen mit einem Wirtschaftswert […] von mehr als 25.000 EUR oder

4. einen Gewinn aus Gewerbebetrieb von mehr als 60.000 EUR im Wirtschaftsjahr oder

5. einen Gewinn aus Land- und Forstwirtschaft von mehr als 60.000 EUR im Kalenderjahr

gehabt haben, sind auch dann verpflichtet, für diesen Betrieb Bücher zu führen und auf Grund jährlicher Bestandsaufnahmen Abschlüsse zu machen, wenn sich eine Buchführungspflicht nicht aus § 140 ergibt. […][10]

Bitte beachten Sie, dass § 141 AO[10] ab 2016 aktualisierte Werte beinhaltet:

▶   Ab dem 01.01.2016 wurde der Umsatz i. S. d. § 141 (1) S. 1 Nr. 1 AO[10] von 500.000,00 EUR auf 600.000,00 EUR erhöht.
    Darüber hinaus wurde ab dem 01.01.2016 auch die Gewinngrenze von 50.000,00 EUR auf 60.000,00 EUR angehoben (siehe § 141 (1) S. 1 Nr. 4f AO[10].

1.3   Kassenarten/-systeme

Die Erfassung von Bargeschäften kann in unterschiedlicher Art und Weise erfolgen. Das Gesetz schreibt nicht vor, ob eine z. B. offene Kasse oder ein elektronisches Kassensystem eingesetzt werden soll.

Nur: die Daten, die erfasst werden, müssen vollständig, aussagekräftig und vor allem manipulationssicher sein.

▶ Eine Kassenbuchführung unter Einsatz einer Software, die nachträgliche (nicht mehr nachvollziehbare) Änderungen zulässt, ist nicht erlaubt. Beispiel: Excel-Software

Es sind stets die Vorgaben der „Grundsätze zur ordnungsmäßigen Führung und Aufbewahrung von Büchern, Aufzeichnungen und Unterlagen in elektronischer Form sowie zum Datenzugriff (GoBD)"[13] einzuhalten, siehe auch Abschn. 1.7 *Die GoBD im Rahmen der Kassenbuchführung.*

Es gibt zahlreiche Varianten der Kassenbuchführung (inklusive evtl. Zwischenlösungen, die selbst programmiert wurden).

Um den Rahmen dieser Lektüre nicht zu sprengen, werden im Folgenden nur zwei mögliche Varianten betrachtet: die offene Kasse und die elektronische Registrierkasse. Die Zwischenlösungen werden nur angesprochen.

1.3.1 Offene Kassen

Bei einer offenen Kassenbuchführung werden lediglich Aufzeichnungen zu den erzielten Bareinnahmen und den getätigten Barausgaben ohne den Einsatz spezieller Software bzw. elektronischer Registrierkassen erstellt.

Diese Art der Buchführung findet man sehr häufig in der Gastronomie, kleinen Einzelhandelsbetrieben (z. B. Kiosk) oder Schaustellern.

Hier werden alle baren Vorgänge in einem Kassenbericht erfasst.

Wichtig ist, dass der Betrag in der Kasse mit dem laut Kassenbericht ermittelten Endbestand pro Tag übereinstimmt (Soll-/Ist-Vergleich). Die Kassensturzfähigkeit sollte zu jederzeit gegeben sein.

Es ist bei der Kassensturzfähigkeit völlig gleichgültig, ob eine offene Kasse oder ein elektronisches Registrierkassensystem im Unternehmen zum Einsatz kommt. Im Rahmen einer **Außenprüfung, Umsatzsteuer-Nachschau** oder der geplanten **Kassen-Nachschau** ist die Kasse ein wichtiger Prüfungsbestandteil.

1.3.2 Elektronische Registrierkassen

Elektronische Registrierkassen sind bequem und ersetzen die häufig umständliche und zeitintensive offene Kassenbuchführung.

Allerdings soll das neue „Kassengesetz" zukünftig dazu beitragen, dass erfasste Daten im Nachhinein nicht mehr gelöscht oder verändert werden können, ohne dass dieser Vorgang gänzlich nachvollzogen werden kann.

Bevor auf die Notwendigkeit elektronischer Registrierkassen ab 2017 eingegangen wird, soll zunächst noch ein Blick auf die Z-Bons- und X-Bons geworfen werden.

1.3.2.1 X-Bons und Z-Bons

Der **X-Bon** ist ein Beleg, welcher mehrfach ausgedruckt werden kann. Im Gegensatz zum Z-Bon wird hierdurch keine Kassenendabrechnung durchgeführt, sondern „zwischendurch" eine Information bzgl. bereits erzielter Einnahmen abgerufen. X-Bons können also mehrfach ausgedruckt werden, Z-Bons hingegen nicht.

Bei den **Z-Bons** handelt es sich um Bons, die die Tagesendsumme der Einnahmen ausweisen. Alle Bons dieser Art müssen täglich (am Ende des Geschäftstages) ausgedruckt werden. Sie sind auf Wunsch – als wichtige Buchungsunterlage – bei einer möglichen Außen- oder Kassenprüfung dem Prüfer vorzulegen.

Die Vollständigkeit der Einnahmen kann durch fortlaufende Nummerierung der Z-Bons nachgewiesen werden. Fehlende Bons führen zu evtl. Zweifel an der Ordnungsmäßigkeit der Kassenführung. Deshalb sollte man als Unternehmer diesbezüglich unbedingte Sorgfalt walten lassen.

Aus den Z-Bons können Informationen wie z. B. Name des Unternehmens (Firma), Art der Einnahme, Einnahmedatum, Einnahmen getrennt nach Steuersätzen, Höhe der Tageseinnahmen, Stornovorgänge etc. entnommen werden.

1.3.2.2 Notwendigkeit von elektronischen Registrierkassen ab 2017

Aus dem Gesetzesentwurf zur geplanten Neuregelung der Kassenbuchführung vom 13.07.2016[1] geht **nicht** hervor, dass ab dem Jahr 2017 zwangsläufig alle Unternehmen zum Einsatz einer elektronischen Registrierkasse verpflichtet werden.

Wer allerdings ein elektronisches System für die Kassenbuchführung einsetzt, muss sich mit den geplanten Neuregelungen auseinandersetzen und das eigene im Unternehmen eingesetzte System hinterfragen.

▶   Die gesetzlichen Neuerungen sollen gewährleisten, dass die Kassendaten bei elektronischen Registrierkassen nicht mehr durch z. B. Manipulationssoftware gelöscht oder verfälscht werden können.

Schon bei Auswahl und Kauf einer elektronischen Registrierkasse bzw. eines elektronischen Systems sollte der Unternehmer sich hinsichtlich der Ordnungsmäßigkeit des Systems überzeugen und sich eine entsprechende Bestätigung/Testat des Veräußerers hierüber geben lassen.

Auf dem Markt werden zukünftig sicherlich zahlreiche Produkte (Systeme, Kassen) aller Preisklassen angeboten. Hier sollte man nun nicht (mehr) ausschließlich auf den Preis und die evtl. Bedienungsfreundlichkeit des Gerätes/Systems achten, sondern auf die gesetzlichen Vorgaben.

Wichtig ist auch, dass alle Unterlagen, die zur Kasse gehören (Gebrauchsanleitung, Bons, Protokolle u. ä.) im Rahmen der Aufbewahrungspflicht 10 Jahre verfügbar gehalten werden. Diese müssen im Bedarfsfall zeitnah dem Prüfer vorgezeigt werden können.

▶ Werden gesetzliche Vorgaben nicht erfüllt, so können in Einzelfällen empfindliche Geldstrafen festgesetzt werden.

1.3.3 Zwischenlösungen

Es gibt sicherlich nicht nur die beiden vorgenannten Kassenarten, sondern zahlreiche Zwischenlösungen, die an dieser Stelle nicht weiter betrachtet werden können.

In allen Fällen ist jedoch sicherzustellen, dass die Vorgaben des neuen geplanten „Kassengesetzes" unbedingt einzuhalten sind. Dies vermeidet Zweifel an der Ordnungsmäßigkeit der Kassenbuchführung.

Wer sich nicht sicher ist, ob das in seinem Unternehmen eingesetzte System das Richtige ist, sollte sich unbedingt fachlichen Rat z. B. beim steuerlichen Berater, beim Fachhandel etc. einholen.

1.4 Kassenbuch oder Kassenbericht?

Im nachfolgenden Kapitel wird die Frage geklärt, was das Kassenbuch von einem Kassenbericht unterscheidet.

Zunächst soll der Kassenbericht betrachtet werden.

1.4.1 Kassenbericht

Den **Kassenbericht** findet man bei der **offenen Kassenbuchführung.** Mithilfe dieses Berichtes kann der Tagesumsatz in einfacher Form ermittelt werden.

Bei dieser Form der Aufzeichnung muss am Ende eines jeden Geschäftstages neben dem Bericht auch eine ganzheitliche Kassenzählung erfolgen, um den Soll-Bestand mit dem Ist-Bestand abzugleichen.

Um den Betrag der Einnahme eines jeweiligen Geschäftstages zu ermitteln, kann folgende Vorgehensweise erfolgen:

1. Ermittlung Tagesgeldbestand am Ende eines Tages (inkl. Bargeld und Banknoten)
2. Hinzurechnung der Privatentnahmen (Barentnahme) durch den Unternehmer
3. Hinzurechnung der betrieblichen Barausgaben (z.B. Barzahlung Porto)
4. Hinzurechnung von Bargeldeinzahlungen auf Bankkonten
5. Abzug von Privateinlagen (Bareinlagen) durch den Unternehmer
6. Abzug der Bareinzahlungen nach Bargeldabhebung von betrieblichen Bankkonten
7. Abzug vom Kassenbestand des Vortages (inkl. Bargeld und Banknoten)
8. **Ergebnis = Tageseinnahme**

Die vorgenannte Reihenfolge ist natürlich nicht vorgegeben und kann beliebig verändert werden. Es muss gewährleistet sein, dass die korrekten Einnahmen und Ausgaben erfasst werden und der Abgleich von Soll- und Ist-Beständen möglich ist.

▶   Eine korrekte Besteuerung (z. B. bei Einkommen- und Umsatzsteuer) muss möglich sein!

1.4.2 Kassenbuch

Im **Kassenbuch** werden alle betrieblichen Geschäftsvorfälle, die bar vereinnahmt oder verausgabt werden, nach den Grundsätzen der ordnungsgemäßen Buchführung erfasst. Hierzu zählen z. B. Barzahlungen durch den Kunden (= Erhöhung des Kassenbestandes) oder die Privateinlagen in Form von Bargeld bei Einzelunternehmern. Hinsichtlich der Barausgaben sind beispielhaft Barzahlungen für Portobelege oder Privatentnahmen in Form von Bargeld durch den Einzelunternehmer zu nennen.

Alle Vorgänge müssen richtig, vollständig, in chronologischer Reihenfolge und geordnet erfasst werden. Wichtig ist, dass die Aufzeichnungen nicht im Nachhinein verändert werden können.

▶   Excel-Tabellen und sonstige veränderbare Buchführungssoftware sind für Zwecke der Kassenbuchführung nicht geeignet. Sie ermöglichen gesetzlich nicht erlaubte Veränderungen im Nachhinein.

Im Falle zahlreicher Umsatzvorgänge kann der jeweilige Tagesumsatz durch den Z-Bon einer elektronischen Registrierkasse oder durch Handaufzeichnungen auf separaten Belegen in einer Summe eingetragen werden. Diese „Grundlagen-Belege" müssen auf jeden Fall zu Beweiszwecken aufbewahrt werden.

1.5   Mögliche Fehlerquellen in der Kassenbuchführung

Schwerwiegende **Fehler** in der Kassenbuchführung – gleichgültig ob sachlicher oder formeller Natur – können in z. B. einer Außenprüfung oder der neu geplanten zukünftigen „Kassen-Nachschau" zu einer Hinzuschätzung, also einer Erhöhung des betrieblichen Gewinns, führen. Dies ist für den betroffenen Unternehmer nicht nur ärgerlich, sondern in der Regel auch teuer.

Im Folgenden werden einige mögliche Fehlerquellen in der Kassenbuchführung dargestellt, die man unbedingt vermeiden sollte.

Missachtung des Belegprinzips
„Keine Buchung ohne Beleg" ist eine Vorschrift, die ein buchführungs-/aufzeichnungspflichtiger Unternehmer zu beachten hat. Kann einer Buchung im Kassenbuch kein Beleg, der den Geschäftsvorfall repräsentiert, zugeordnet werden, kann unter Umständen im Rahmen einer Prüfung durch die Finanzbehörde eine „Luftbuchung" unterstellt werden. Bei einer Luftbuchung handelt es sich in der Regel um eine Buchung ohne tatsächlichen, realistischen Vorgang.

▶   Sowohl für die Bareinnahmen als auch für die Barausgaben sind Belege für den Pflichtzeitraum aufzubewahren.

Reihenfolge der Geschäftsvorfälle nicht nachvollziehbar
Die „Grundsätze zur ordnungsmäßigen Führung und Aufbewahrung von Büchern, Aufzeichnungen und Unterlagen in elektronischer Form sowie zum Datenzugriff (GoBD)"[13] und auch die Abgabenordnung fordern die Aufzeichnung der Geschäftsvorfälle in chronologischer Reihenfolge. Die Darstellung muss für einen sachverständigen Dritten nachvollziehbar sein.

§ 145 AO – Allgemeine Anforderung an die Buchführung und Aufzeichnungen

(1) Die Buchführung muss so beschaffen sein, dass sie einem sachverständigen Dritten innerhalb angemessener Zeit einen Überblick über die Geschäftsvorfälle und über die Lage des Unternehmens vermitteln kann. Die

Geschäftsvorfälle müssen sich in ihrer Entstehung und Abwicklung verfolgen lassen […][14].

Gerundete, keine centgenauen Beträge

Die Beträge, mit denen einzelne Geschäftsvorfälle anhand von Belegen im Kassenbericht bzw. im Kassenbuch aufgezeichnet werden, müssen centgenau erfasst werden. Eine Rundung auf volle Eurobeträge ist nicht erlaubt.

Eintragungen mit Bleistift

Die Eintragungen z. B. im Kassenbericht dürfen nur mit dokumentenechten Stiften erfolgen. Änderungen von Eintragungen müssen stets nachvollziehbar sein. Da z. B. Bleistiftstaufzeichnungen aber gelöscht werden können, ohne dass dies in den Büchern nachvollziehbar ist, darf dieses Schreibutensil nicht für Buchführungs- oder Aufzeichnungszwecke eingesetzt werden.

Rück-/Vordatierung von Geschäftsvorfällen

Geschäftsvorfälle sind zeitnah, richtig und chronologisch zu erfassen. Ein Vor- und Rückdatieren ist nicht erlaubt und verfälscht die Aussagekraft.

Kassenbuch innerhalb von 10 Jahren nicht mehr lesbar

Jeder Unternehmer, welcher Kassenberichte und Kassenbücher führt, muss dafür Sorge tragen, dass die Unterlagen im Rahmen der Aufbewahrungspflicht verfügbar sind und im Falle einer Prüfung einem Außenprüfer vorgelegt werden können.

Es ist hierbei unerheblich, ob eine offene Kasse geführt wird oder ein elektronisches System zum Einsatz kommt.

Der Prüfer hat – während des Aufbewahrungszeitraums – das Recht, alle steuerlich relevanten Unterlagen einzusehen und im Detail zu prüfen. Auch ist es unerheblich, ob elektronische Belege oder klassische Papierrechnungen den Geschäftsvorfällen zugrunde liegen. Für jede Form der Belege greift die Aufbewahrungspflicht, z. B. nach den Vorgaben der Abgabenordnung:

§ 147 AO – Ordnungsvorschriften für die Aufbewahrung von Unterlagen

1) Die folgenden Unterlagen sind geordnet aufzubewahren:

1. Bücher und Aufzeichnungen, Inventare, Jahresabschlüsse, Lageberichte, die Eröffnungsbilanz sowie die zu ihrem Verständnis erforderlichen Arbeitsanweisungen und sonstigen Organisationsunterlagen, […]

4. Buchungsbelege,[…]

5. sonstige Unterlagen, soweit sie für die Besteuerung von Bedeutung sind.

2) Mit Ausnahme der Jahresabschlüsse, der Eröffnungsbilanz [...] können die in Absatz 1 aufgeführten Unterlagen auch als Wiedergabe auf einem Bildträger oder auf anderen Datenträgern aufbewahrt werden, wenn dies den Grundsätzen ordnungsmäßiger Buchführung entspricht und sichergestellt ist, dass die Wiedergabe oder die Daten

1. mit den empfangenen Handels- oder Geschäftsbriefen und den Buchungsbelegen bildlich und mit den anderen Unterlagen inhaltlich übereinstimmen, wenn sie lesbar gemacht werden,

2. während der Dauer der Aufbewahrungsfrist jederzeit verfügbar sind, unverzüglich lesbar gemacht und maschinell ausgewertet werden können.

3) Die in Absatz 1 Nr. 1, 4 [...] aufgeführten Unterlagen sind zehn Jahre, die sonstigen in Absatz 1 aufgeführten Unterlagen sechs Jahre aufzubewahren, sofern nicht in anderen Steuergesetzen kürzere Aufbewahrungsfristen zugelassen sind [...][15].

Nichtbeachtung des Geldwäschegesetzes

Der Unternehmer hat darauf zu achten, dass die Vorschriften des Geldwäschegesetzes (= Gesetz über das Aufspüren von Gewinnen aus schweren Straftaten, kurz: GwG) in seinem Unternehmen umgesetzt werden.

Geldwäsche bedeutet, dass die Herkunft der vereinnahmten Beträge verschleiert wird und nicht nachvollziehbar ist.

Doppelerfassungen oder fehlende Buchungen

Der Unternehmer hat stets darauf zu achten, dass in der Buchführung (also auch in der Kasse) Geschäftsvorfälle nicht doppelt erfasst oder sogar „vergessen" werden.

Auch hier wäre in beiden Fällen der Anspruch der Ordnungsmäßigkeit der Buchführung nicht erfüllt.

Jeder Geschäftsvorfall ist durch einen Beleg (z. B. Rechnung) nachzuweisen. Es gilt das Belegprinzip („Keine Buchung ohne Beleg"). Kann eine Rechnung nicht vorgelegt werden, muss ein Eigenbeleg erstellt werden. In diesem Fall ist jedoch ein Vorsteuerabzug nicht möglich!

Belege werden nicht für den Aufbewahrungszeitraum aufbewahrt

Als buchführungspflichtiger Unternehmer ist stets zu beachten, dass die Aufbewahrungspflicht für Kassenbelege ebenfalls 10 Jahre beträgt.

Kann ein Beleg nicht mehr eingesehen werden, weil dieser z. B. als elektronischer Beleg erfasst, aber zwischenzeitlich versehentlich gelöscht wurde, ist die Buchführung unvollständig.

▶ Ein Ausdruck von elektronisch übermittelten Belegen ist für den Vorsteuerabzug und auch für die Buchführungspflichten insgesamt nicht ausreichend. Sie müssen im Original (am besten mit gesamter Mail) über den Aufbewahrungszeitraum erhalten bleiben.

Auch klassische Papierrechnungen müssen während des Zeitraums der Aufbewahrungspflicht, ebenso wie die elektronischen Belege, auf Verlangen von Außenprüfern unverzüglich vorgelegt werden können.

Fehlende Eigenbelege bei Entnahmen für den privaten Bereich (Privatentnahmen)

Für die Entnahme von z. B. Waren durch den Unternehmer für den nicht unternehmerischen Bereich („Privatentnahmen"), sind stets entsprechende Eigenbelege zu erstellen. Diese müssen den Geschäftsvorfall der sogenannten „unentgeltlichen Wertabgabe" belegen.

Bis auf Geldentnahmen sind diese Vorgänge häufig umsatz- und ertragsteuerpflichtig. Auf die Ausnahmen wird an dieser Stelle nicht eingegangen.

Ein fehlender Beleg weist auf Lücken in der Buchführung hin. Fehlende Belege führen zu fehlenden Buchungen und dies hat zur Folge, dass der Unternehmer im Rahmen seiner Tätigkeit nicht korrekt besteuert werden kann. Von fehlenden Belegen dieser Art können z. B. die Einkommensteuer, die Gewerbesteuer und die Umsatzsteuer betroffen sein. Hinzuschätzungen können unter Umständen erfolgen.

Erfassungen erfolgen nicht zeitnah

Grundsätzlich sind Aufzeichnungen und Erfassung von Geschäftsvorfällen stets zeitnah durchzuführen. Dies bedeutet, dass ein enger zeitlicher Zusammenhang zwischen dem Geschäftsvorfall und der Erfassung in der Buchführung bestehen muss.

Hinsichtlich der Kassenbuchführung ist das bloße Sammeln von Belegen – gleichgültig ob elektronisch oder klassisch in Papierform – nicht ausreichend und entspricht nicht den Vorgaben des BFH (siehe BFH-Urteil v. 10. Juni 1954, BStBl III 1954, S. 298).

▶ Bareinnahmen und Barausgaben sind täglich zu erfassen.

Diese Vorgabe findet sich in der Abgabenordnung:

§ 146 Ordnungsvorschriften für die Buchführung und für Aufzeichnungen

(1) [...] Kasseneinnahmen und Kassenausgaben sollen täglich festgehalten werden [...][16].

Fehlende Kassensturzmöglichkeit

Der Unternehmer muss einem Außenprüfer, welcher im Rahmen einer Betriebsprüfung oder einer Kassen-Nachschau die Kasse prüft, die Möglichkeit geben, den Istbestand in der Kasse mit dem gebuchten Sollbestand lt. Kassenbericht/Kassenbuchführung abzugleichen.

Das heißt, die Kassensturzmöglichkeit muss zu jedem Zeitpunkt der Aufbewahrungspflicht der Daten (10 Jahre) gegeben sein.

Ursprüngliche Kassenbuchung ist nach Korrektur nicht mehr lesbar

Die Eintragungen im Kassenbuch müssen stets für den Zeitraum der Aufbewahrungspflicht lesbar gehalten werden. Hierbei ist es unerheblich, ob es sich um eine elektronische Erfassung handelt oder um Handaufzeichnungen.

Negativer Kassenbestand

Eine weitere mögliche Fehlerquelle ist der negative Kassenbestand, den es faktisch ja nicht geben kann. Aus einer Kasse kann nicht mehr an Bargeld entnommen werden, als in ihr enthalten ist. Somit können auch bei korrekter Erfassung der Bargeschäfte keine negativen Ergebnisse erzielt werden.

Weitere Unregelmäßigkeiten

Es gibt sicherlich noch viele weitere Punkte, welche man an dieser Stelle aufführen könnte. Um den Rahmen dieser Lektüre nicht zu sprengen, wird jedoch auf die Darstellung weiterer Beispiele verzichtet.

1.6   Konsequenzen mangelhafter Kassenbuchführung

Sind z. B. Fehler der vorgenannten Art in der Kassenbuchführung zu finden, dann kann das Finanzamt im Rahmen einer Prüfung Einnahmen oder Ausgaben schätzen.

Sind die Mängel nur geringfügiger Natur, kann unter Umständen von der Verwerfung der Ordnungsmäßigkeit der Kassenbuchführung abgesehen werden.

Hierbei ist zwischen sachlichen und formellen Fehlern zu unterscheiden. In der Regel führen sachliche Mängel zu Schätzungen, während die formellen Fehler häufig geheilt werden können. Es hängt jedoch – wie so oft – von dem Ausmaß bzw. Schwere der Fehler ab.

Tritt z. B. ein negativer Kassenbestand zutage, so hat der Vertreter der Finanzbehörde das Recht, entweder die Einnahmen oder die Barausgaben zu schätzen. Denn bei einem negativen Kassenbestand, der nicht realistisch sein kann, wurden entweder nicht alle Bareinnahmen erfasst oder die Barausgaben wurden nicht korrekt bzw. in zu großem Umfang ausgewiesen. In beiden Fällen ist die Kassenbuchführung nicht ordnungsgemäß und wird geschätzt, da für Zwecke der Besteuerung eine Besteuerungsgrundlage benötigt wird.

Wird die Ordnungsmäßigkeit der Kassenbuchführung z. B. im Rahmen der geplanten „Kassen-Nachschau" verworfen, kann auch im ungünstigen Fall zu einer Betriebsprüfung übergegangen werden, bei der dann sämtliche Belege und Geschäftsvorfälle auf korrekte Darstellung in der Buchführung überprüft werden.

▶ Jeder Unternehmer, der Bargeschäfte tätigt, sollte sich über die Bedeutung einer ordnungsgemäßen Kassenbuchführung informieren und sich der Konsequenzen bewusst werden, die bei Nichtbeachtung von Vorschriften drohen (z. B. Verwerfung der Ordnungsmäßigkeit der Buchführung). Besonders Unternehmer mit barintensiven Geschäften (z. B. Gaststätten und Friseure) sollten ihre aktuelle Kassenbuchführung bzw. Kassenberichterstattung auf die Kompatibilität mit der bevorstehenden neuen Gesetzeseinführung überprüfen.

1.7   Die GoBD im Rahmen der Kassenbuchführung

Die „Grundsätze zur ordnungsmäßigen Führung und Aufbewahrung von Büchern, Aufzeichnungen und Unterlagen in elektronischer Form sowie zum Datenzugriff (GoBD)"[13] ersetzen zum 01.01.2015 die GDPdU (Grundsätze zum Datenzugriff und zur Prüfbarkeit digitaler Unterlagen) und die GoBS (Grundsätze ordnungsmäßiger DV-gestützter Buchführungssysteme).

Die GoBD[13] sind im Schreiben des Bundesfinanzministeriums vom 14.11.2014 zu finden.

Sie beinhalten in Rz. 36 die Vorgabe, dass alle Geschäftsvorfälle vollzählig und ohne Lücken aufzuzeichnen seien.

Sowohl jede Einnahme und Ausgabe wie auch alle Entnahmen und Einlagen müssen im Hinblick auf z.B. Bedeutung und Inhalt nachprüfbar sein (s. Rz. 37)

So verbieten auch die GoBD (Rz. 40) die Unterdrückung von Erfassung und Verarbeitung von Geschäftsvorfällen. Bons und Belege dürfen nicht an den Kunden ausgegeben werden, wenn der Geschäftsvorfall nicht im System registriert wurde.

So sollen nach Rz. 48 alle Bareinnahmen und – ausgaben täglich erfasst werden.

Hier könnte man sicherlich noch zusätzlich zahlreiche Vorgaben aus den GoBD[13] mit einbringen. Um den Rahmen dieser Lektüre jedoch nicht zu sprengen, wird an dieser Stelle auf das BMF-Schreiben vom 14. November 2014[13] verwiesen.[2]

---

[2]Siehe auch: Nickenig, Karin: *Die elektronische Rechnung*: Darstellung unter Berücksichtigung der GoBD; Springer-Gabler, Wiesbaden 2015 *(essential)*.

Im nachfolgenden Kapitel wird neben der Zielsetzung eines neuen Gesetzes im Rahmen der Kassenbuchführung auch der aktuelle Gesetzentwurf als Zusammenfassung und im Detail betrachtet.

2.1 Gründe und Ziele für die Einführung verschärfter Regeln zur Kassenbuchführung ab dem 01.01.2017

Die Gründe, welche zur Einführung eines neuen „Kassengesetzes" führen, ist die schnell voranschreitende technische Fortentwicklung, die es ermöglicht, dass digitale Aufzeichnungen (z. B. im Rahmen des Einsatzes von elektronischen Registrierkassen) gelöscht oder verändert werden können ohne hierbei „Spuren zu hinterlassen".

Um diesen unerwünschten Vorgängen vorzubeugen und die korrekte Steuererhebung durch die Finanzverwaltung zu gewährleisten, soll das „Gesetz zum Schutz vor Manipulation an digitalen Grundaufzeichnungen" verabschiedet werden und ab dem 01.01.2017 seine Wirkung entfalten. Mithilfe der gesetzlichen Vorgaben sollen zukünftig (nicht nachvollziehbare) Änderungen von digitalen Aufzeichnungen unmöglich werden. Technische Maßnahmen zur Realisierung dieses Ziels werden gesetzlich fixiert.

© Springer Fachmedien Wiesbaden 2017
K. Nickenig, *Kassenbuchführung*, essentials,
DOI 10.1007/978-3-658-15694-7_2

2.2 Gesetzesentwurf der Bundesregierung („Gesetz zum Schutz vor Manipulation an digitalen Grundaufzeichnungen") vom 13.07.2016

Zunächst werden die geplanten Änderungen in Bezug zur Kassenbuchführung kurz vorgestellt und im Anschluss im Detail erläutert. Dieses Kapitel schließt ab mit Fragestellungen, die sich der einzelne Unternehmer im Bedarfsfall stellen könnte bzw. mit denen er sich zwangsläufig auseinandersetzen muss.

2.2.1 Zusammenfassung des Gesetzentwurfs vom 13.07.2016

Der vorgenannte Gesetzentwurf bezieht sich auf das „Gesetz zum Schutz vor Manipulation an digitalen Grundaufzeichnungen" (kurz: „Kassengesetz") [1].

Wie bereits im Abschn. 2.1 *Gründe und Ziele für die Einführung verschärfter Regeln zur Kassenbuchführung ab dem 01.01.2017* dargestellt, steht die Sicherung der Gleichmäßigkeit der Besteuerung sowie der Schutz vor Manipulation digitaler Daten bei elektronischen Registrierkassen im Vordergrund.

Dem betroffenen Personenkreis werden keine Vorschriften zum Schutz digitaler Daten gemacht, sondern man überlässt es ihnen selbst, eine Technologie auszuwählen und einzusetzen, die die Voraussetzungen zum Schutz der Daten erfüllt und die gleichmäßige Besteuerung ermöglicht.

Im Gesetzentwurf sind folgende geplante Maßnahmen zu finden:

a) Zertifizierte technische Sicherheitseinrichtung in einem elektronischen Aufzeichnungssystem
b) Kassen-Nachschau
c) Sanktionierung von Verstößen.

Die vorgenannten Punkte werden im Folgenden kurz dargestellt[1].

---

[1]Darstellung erfolgt auf der Grundlage des Regierungsentwurfs vom 13.07.2016: „Entwurf eines Gesetzes zum Schutz vor Manipulation an digitalen Aufzeichnungen"; http://www.bundesfinanzministerium.de/Content/DE/Gesetzestexte/Gesetzentwuerfe_Arbeitsfassungen/2016-07-13-KassenG-und-technische-VO-Kassen.html; Abruf am 10.08.2016.

Zertifizierte Sicherheitseinrichtung in einem elektronischen Aufzeichnungssystem

Das elektronische Aufzeichnungssystem eines Unternehmens soll nach Maßgabe des künftigen Kassengesetzes durch eine zertifizierte Sicherheitseinrichtung vor Datenmanipulation oder – verlust geschützt werden. Es besteht **Einzelaufzeichnungspflicht** aller digitalen Vorgänge. Diese sind auf Speichermedien zu sichern und über den Aufbewahrungszeitraum lesbar bzw. verfügbar zu halten.

Kassen-Nachschau

Diese Maßnahme ist eine Ergänzung zu den bereits vorhandenen Prüfungsmaßnahmen. Sie stellt keine Außen-/Betriebsprüfung dar, sondern hilft bei der Aufklärung relevanter steuerlicher Sachverhalte (Beispiel: Erfassung digitaler Daten mittels elektronischer Registrierkassen).

Sanktionierung von Verstößen

Im Rahmen des Steuergefährdungstatbestandes wird hier § 379 (1) AO [17] um weitere Punkte ergänzt. Verstöße gegen relevante Vorgaben können mit Bußgeldern von bis zu 25.000,00 EUR geahndet werden.

▶   Eine Registrierkassenpflicht ist nicht vorgesehen.

Der Gesetzesentwurf äußert sich auch zur durchgeführten Alternativen-Prüfung. Hier hat man sich nach Abwägung möglicher Risiken und Konsequenzen für das Zertifizierungsverfahren geeinigt. Die Beibehaltung des aktuellen Zustandes bzw. die Anwendung einer integrierten Sicherheitslösung für messwertverarbeitende Kassensysteme wurde hiernach abgelehnt.

Erfüllungskosten für den Bürger sollen lt. Gesetzesentwurf vermieden werden.

Dies gilt jedoch nicht für den Wirtschaftssektor: Die für Umstellung und Neuinvestitionen entstehenden Kosten beziffert man mit ca. 470 Mio. EUR (einmaliger Aufwand); für die laufenden Kosten (z. B. Support, Zertifizierung, Personalkosten) werden ca. 106 Mio. EUR veranschlagt.

Auch für die Verwaltung werden zusätzliche Kosten pro Jahr für Personalmehrbedarf (166.900,00 EUR) und zusätzlichen Sachkosten (500.000,00 EUR) geschätzt.

Eine Erhöhung des Preisniveaus aufgrund dieser Maßnahme wird nicht erwartet.

2.2.2 Geplante Gesetzesänderungen gemäß Entwurf vom 13.07.2016 im Detail[2]

Im Folgenden werden die geplanten Änderungen innerhalb der Abgabenordnung und des Einführungsgesetzes der Abgabenordnung auf des Basis des Gesetzentwurfes betrachtet.

2.2.2.1 Änderung der Abgabenordnung (Artikel 1)

Die Abgabenordnung in der Fassung der Bekanntmachung vom 01. Oktober 2002 (BGBl. I S. 3866; 2003 I S. 61) soll lt. Gesetzentwurf vom 13.07.2016 geändert werden. Hiernach wird – nach Zustimmung – § 146 AO wie folgt aussehen:

§ 146 (1) AO-E[3]

„(1) Die Buchungen und die sonst erforderlichen Aufzeichnungen sind einzeln, vollständig, richtig, zeitgerecht und geordnet vorzunehmen. Kasseneinnahmen und Kassenausgaben sind täglich festzuhalten" [1].

Darüber hinaus werden zwei neue Vorschriften hinter § 146 AO eingefügt:

- § 146a AO: „Ordnungsvorschrift für die Buchführung und für Aufzeichnungen mittels elektronischer Aufzeichnungssysteme; Verordnungsermächtigung" sowie
- § 146b AO: „Kassennachschau"

Diese beiden neuen Vorschriften werden im Folgenden detailliert betrachtet.

§ 146a AO „Ordnungsvorschrift für die Buchführung und für Aufzeichnungen mittels elektronischer Aufzeichnungssysteme; Verordnungsermächtigung"
Wer elektronische Aufzeichnungssysteme in seinem Unternehmen einsetzt, hat dafür Sorge zu tragen, dass jeder aufzeichnungspflichtige Geschäftsvorfall mit diesem vom Unternehmer selbst ausgewählten System **einzeln, vollständig, richtig, zeitgerecht** und **geordnet** erfasst wird. Eine zertifizierte Sicherheitseinrichtung soll die vorgenannten digitalen Daten schützen:

---

[2]Darstellung erfolgt auf der Grundlage des Regierungsentwurfs vom 13.07.2016: „Entwurf eines Gesetzes zum Schutz vor Manipulation an digitalen Aufzeichnungen"; http://www.bundesfinanzministerium.de/Content/DE/Gesetzestexte/Gesetzentwuerfe_Arbeitsfassungen/2016-07-13-KassenG-und-technische-VO-Kassen.html; Abruf am 10.08.2016.

[3]Die geplanten gesetzlichen Neuregelungen, die anhand des Regierungsentwurfs vom 13.07.2016 dargestellt werden, sind in diesem *essential* mit einem „E" versehen, um deutlich zu machen, dass hier noch keine Verabschiedung erfolgt ist.

§ 146a AO-E[4]

(1) Wer aufzeichnungspflichtige Geschäftsvorfälle oder andere Vorgänge mit Hilfe eines elektronischen Aufzeichnungssystems erfasst, hat ein elektronisches Aufzeichnungssystem zu verwenden, das jeden aufzeichnungspflichtigen Geschäftsvorfall und anderen Vorgang einzeln, vollständig, richtig, zeitgerecht und geordnet aufzeichnet. Das elektronische Aufzeichnungssystem und die digitalen Aufzeichnungen nach Satz 1 sind durch eine zertifizierte technische Sicherheitseinrichtung zu schützen [...][1].

Der Gesetzgeber fordert, dass die technische Sicherheitseinrichtung bestimmte Elemente zu enthalten hat:

§ 146a AO-E[5]

(1) [...] Diese zertifizierte technische Sicherheitseinrichtung muss aus einem Sicherheitsmodul, einem Speichermedium und einer einheitlichen digitalen Schnittstelle bestehen.[...][1]

Die digitalen Medien sollen darüber hinaus für Zwecke der Kassennachschau und Außenprüfungen auf den Sicherheitsmedien für den Zeitraum der Aufbewahrungspflicht gesichert und lesbar gehalten werden.

§ 146a AO-E[6]

(1) [...] Die digitalen Aufzeichnungen sind auf dem Speichermedium zu sichern und für Nachschauen sowie Außenprüfungen durch elektronische Aufbewahrung verfügbar zu halten [...][1].

Alle übrigen Systeme, welche die vorgenannten Voraussetzungen nicht erfüllen, dürfen – so der Regierungsentwurf – vom Anbieter nicht beworben bzw. gewerbsmäßig angeboten werden.

---

[4]Die geplanten gesetzlichen Neuregelungen, die anhand des Regierungsentwurfs vom 13.07.2016 dargestellt werden, sind in diesem *essential* mit einem „E" versehen, um deutlich zu machen, dass hier noch keine Verabschiedung erfolgt ist.

[5]Die geplanten gesetzlichen Neuregelungen, die anhand des Regierungsentwurfs vom 13.07.2016 dargestellt werden, sind in diesem *essential* mit einem „E" versehen, um deutlich zu machen, dass hier noch keine Verabschiedung erfolgt ist.

[6]Die geplanten gesetzlichen Neuregelungen, die anhand des Regierungsentwurfs vom 13.07.2016 dargestellt werden, sind in diesem *essential* mit einem „E" versehen, um deutlich zu machen, dass hier noch keine Verabschiedung erfolgt ist.

Darüber hinaus soll im Absatz 2 des § 142a AO festgelegt werden, dass Unternehmer, welche aufzeichnungspflichtige betriebliche Vorgänge erfassen müssen, auf Verlangen den an den Geschäftsvorfällen beteiligten Personen zeitnah einen Beleg aushändigen müssen.

§ 146a AO-E

[…]

(2) Wer aufzeichnungspflichtige Geschäftsvorfälle […] erfasst, hat dem an diesem Geschäftsvorfall Beteiligten unbeschadet anderer gesetzlicher Vorschriften auf dessen Verlangen einen Beleg über den Geschäftsvorfall auszustellen. Die Beteiligten können die Ausstellung des Belegs nur in unmittelbarem zeitlichem Zusammenhang mit dem Geschäftsvorfall verlangen […] [1].

Im Rahmen des § 146a (3) AO erhält lt. Regierungsentwurf das Bundesministerium der Finanzen das Recht (unter Beachtung der Zustimmung des Bundesrates, des Bundesinnenministeriums und des Bundesministeriums für Energie und Wirtschaft), zu entscheiden, wie ein gesichertes Aufzeichnungssystem auszusehen bzw. welche Elemente hierin enthalten sein müssen.

Genannt werden im Gesetzesentwurf

- die elektronischen Aufzeichnungssysteme mit zertifizierter technischer Sicherheitseinrichtung sowie
- die Voraussetzungen an das Sicherheitsmodul, das Speichermedium, die einheitliche digitale Schnittstelle, die elektronische Aufbewahrung von Aufzeichnungen, die Protokollierung der digitalen Aufzeichnungen, den Beleg und die Zertifizierung der Sicherheitseinrichtung.

Darüber hinaus ist von jedem hiervon betroffenen Unternehmer zu beachten:

§ 146a AO-E[7]

[…]

(3) Die Erfüllung der Anforderungen […] ist durch eine Zertifizierung des Bundesamts für Sicherheit in der Informationstechnik nachzuweisen, die fortlaufend aufrecht zu erhalten ist. Das Bundesamt für Sicherheit in der

---

[7]Die geplanten gesetzlichen Neuregelungen, die anhand des Regierungsentwurfs vom 13.07.2016 dargestellt werden, sind in diesem *essential* mit einem „E" versehen, um deutlich zu machen, dass hier noch keine Verabschiedung erfolgt ist.

Informationstechnik kann mit der Festlegung von Anforderungen an die technische Sicherheitseinrichtung […] beauftragt werden [1].

§ 146b AO „Kassen-Nachschau"
Die zweite nachträglich eingefügte Vorschrift beschäftigt sich mit der Kassen-Nachschau, welche keinen Außenprüfungs-Charakter besitzt. Mit dieser Maßnahme, die im Vorfeld dem betroffenen Unternehmer nicht angekündigt wird, soll gewährleistet werden, dass steuerlich relevante Sachverhalte festgestellt werden. Die Kassen-Nachschau umfasst auch die Prüfung des ordnungsgemäßen Einsatzes des elektronischen Aufzeichnungssystems.

§ 146b AO-E[8]

1) Zur Prüfung der Ordnungsmäßigkeit der Aufzeichnungen und Buchungen von Kasseneinnahmen und Kassenausgaben können die damit betrauten Amtsträger der Finanzbehörde ohne vorherige Ankündigung und außerhalb einer Außenprüfung, während der üblichen Geschäfts- und Arbeitszeiten Geschäftsgrundstücke oder Geschäftsräume von Steuerpflichtigen betreten, um Sachverhalte festzustellen, die für die Besteuerung erheblich sein können (Kassen-Nachschau) […][1].

Der Unternehmer hat darüber hinaus alle vom Amtsträger gewünschten Aufzeichnungen, Bücher und sonstige steuerlich relevanten Unterlagen, die sich auf den betroffenen Zeitraum und die Kassenbuchführung beziehen, auf Verlangen herauszugeben. Auch ist er zur Erteilung von Auskünften verpflichtet. Die Kosten werden – so der Regierungsentwurf – vom Unternehmer getragen.

§ 146b AO-E[9]

[…] 2) Die von der Kassen-Nachschau betroffenen Steuerpflichtigen haben dem mit der Kassen-Nachschau betrauten Amtsträger auf Verlangen Aufzeichnungen, Bücher sowie die für die Kassenführung erheblichen sonstigen Organisationsunterlagen über die der Kassen-Nachschau unterliegenden Sachverhalte

---

[9]Die geplanten gesetzlichen Neuregelungen, die anhand des Regierungsentwurfs vom 13.07.2016 dargestellt werden, sind in diesem *essential* mit einem „E" versehen, um deutlich zu machen, dass hier noch keine Verabschiedung erfolgt ist.

[8]Die geplanten gesetzlichen Neuregelungen, die anhand des Regierungsentwurfs vom 13.07.2016 dargestellt werden, sind in diesem *essential* mit einem „E" versehen, um deutlich zu machen, dass hier noch keine Verabschiedung erfolgt ist.

und Zeiträume vorzulegen und Auskünfte zu erteilen, soweit dies [...] geboten ist. Liegen die [...] genannten Aufzeichnungen oder Bücher in elektronischer Form vor, ist der Amtsträger berechtigt, diese einzusehen, die Übermittlung von Daten über die einheitliche digitale Schnittstelle zu verlangen oder zu verlangen, dass Buchungen und Aufzeichnungen auf einem maschinell auswertbaren Datenträger nach den Vorgaben der einheitlichen digitalen Schnittstelle zur Verfügung gestellt werden. Die Kosten trägt der Steuerpflichtige [...][1].

Werden bei der Kassen-Nachschau steuerlich relevante Sachverhalte festgestellt, die eine weitergehende Außenprüfung rechtfertigen, kann auf diese – nach erfolgtem schriftlichem Hinweis – übergegangen werden.

§ 146b AO-E[10]

[...] (3) „Wenn die bei der Kassen-Nachschau getroffenen Feststellungen hierzu Anlass geben, kann ohne vorherige Prüfungsanordnung zu einer Außenprüfung nach § 193[18] übergegangen werden. Auf den Übergang zur Außenprüfung wird schriftlich hingewiesen"[1].

Die steuerliche Außenprüfung ist in folgenden Fällen zulässig:

§ 193 AO – Zulässigkeit einer Außenprüfung

1) Eine Außenprüfung ist zulässig bei Steuerpflichtigen, die einen gewerblichen oder land- und forstwirtschaftlichen Betrieb unterhalten, die freiberuflich tätig sind [...]

2) Bei anderen als den in Absatz 1 bezeichneten Steuerpflichtigen ist eine Außenprüfung zulässig,

1. soweit sie die Verpflichtung dieser Steuerpflichtigen betrifft, für Rechnung eines anderen Steuern zu entrichten oder Steuern einzubehalten und abzuführen,

2. wenn die für die Besteuerung erheblichen Verhältnisse der Aufklärung bedürfen und eine Prüfung an Amtsstelle nach Art und Umfang des zu prüfenden Sachverhalts nicht zweckmäßig ist oder

3. wenn ein Steuerpflichtiger seinen Mitwirkungspflichten [...] nicht nachkommt [18].

---

[10]Die geplanten gesetzlichen Neuregelungen, die anhand des Regierungsentwurfs vom 13.07.2016 dargestellt werden, sind in diesem *essential* mit einem „E" versehen, um deutlich zu machen, dass hier noch keine Verabschiedung erfolgt ist.

Hiernach kann die Außenprüfung z. B. durchgeführt werden, wenn die durch die Kassenprüfung aufgeworfenen steuerlich relevanten Fragestellungen explizit (auf-)geklärt werden müssen. Auch in den Fällen, wo der Unternehmer die Mitwirkungspflichten missachtet, welche ihm nach § 90 AO [19] obliegen, ist eine Außenprüfung zulässig.

§ 147 AO „Ordnungsvorschriften für die Aufbewahrung von Unterlagen"
Die bereits existierende gesetzliche Regelung zu den „Ordnungsvorschriften für die Aufbewahrung von Unterlagen" wird nach vorliegendem aktuellem Regierungsentwurf ergänzt.

In den Fällen, wo der Unternehmer seine Daten an einen Dritten übergibt und sich diese dort auch weiterhin befinden ist nach dem ergänzten § 147 AO-E[11] zu gewährleisten, dass der Dritte

- der Finanzbehörde Einsicht in die Daten des betroffenen Unternehmers gewährt oder
- die relevanten Daten der Finanzbehörde auf deren Wunsch und Vorgaben maschinell ausgewertet überlässt oder
- die betroffenen relevante Daten der Finanzbehörde auf einem maschinell verwertbaren Datenträger übergibt [1].

§ 379 AO „Steuergefährdung"
Im Rahmen des vorliegenden aktuellen Gesetzentwurfs ist auch die Änderung der Vorschrift zur Steuergefährdung vorgesehen.

Hiernach wird aufgrund der geplanten Neueinführung des § 146a AO-E[12] die Darstellung, wann eine ordnungswidrige Handlung vorliegt, um folgende Punkte ergänzt:

---

[11]Die geplanten gesetzlichen Neuregelungen, die anhand des Regierungsentwurfs vom 13.07.2016 dargestellt werden, sind in diesem *essential* mit einem „E" versehen, um deutlich zu machen, dass hier noch keine Verabschiedung erfolgt ist.

[12]Die geplanten gesetzlichen Neuregelungen, die anhand des Regierungsentwurfs vom 13.07.2016 dargestellt werden, sind in diesem *essential* mit einem „E" versehen, um deutlich zu machen, dass hier noch keine Verabschiedung erfolgt ist.

§ 379 AO-E Steuergefährdung[13]

1) [...] 4. entgegen § 146a Absatz 1 Satz 1 ein dort genanntes System nicht oder nicht richtig verwendet, 5. entgegen § 146a Absatz 1 Satz 2 ein dort genanntes System nicht oder nicht richtig schützt oder 6. entgegen § 146a Absatz 1 Satz 5 gewerbsmäßig ein dort genanntes System oder eine dort genannte Software bewirbt oder in den Verkehr bringt und dadurch ermöglicht, Steuern zu verkürzen oder nicht gerechtfertigte Steuervorteile zu erlangen.[...]

Auch § 379 (4) soll dahin gehend geändert werden, dass die Strafe für eine Ordnungswidrigkeit zukünftig nicht mit 5.000,00 EUR abgegolten sein soll, sondern in bestimmten Fällen einen Betrag in Höhe von 25.000,00 EUR ausmachen kann.

Der Wortlaut des Gesetzentwurfs sieht wie folgt aus:

§ 379 AO-E Steuergefährdung[14]

[...] „(4) Die Ordnungswidrigkeit nach Absatz 1 Satz 1 Nummer 1 und 2, Absatz 2 sowie Absatz 3 kann mit einer Geldbuße bis zu 5000 EUR und die Ordnungswidrigkeit nach Absatz 1 Satz 1 Nummer 3 bis 6 mit einer Geldbuße bis zu 25.000 EUR geahndet werden, wenn die Handlung nicht nach § 378[20] geahndet werden kann"[1].

2.2.2.2 Änderung des Einführungsgesetzes zur Abgabenordnung (Artikel 2)

Dem Artikel 97 des Einführungsgesetzes zur Abgabenordnung vom 14.12.2016, welches durch Artikel 4 des Gesetzes vom 28.07.2015 geändert wurde, wird nach vorliegendem aktuellem Gesetzentwurf eine neue Vorschrift (§ 30) hinzugefügt.

Für die Vorschriften des § 146a, 146b und § 379 (1) S. 1 und (4) AO soll gelten:

▶   Erstmalige Anwendung für die Kalenderjahre, welche nach dem **31.12.2019** beginnen.

---

[13]Die geplanten gesetzlichen Neuregelungen, die anhand des Regierungsentwurfs vom 13.07.2016 dargestellt werden, sind in diesem *essential* mit einem „E" versehen, um deutlich zu machen, dass hier noch keine Verabschiedung erfolgt ist.

[14]Die geplanten gesetzlichen Neuregelungen, die anhand des Regierungsentwurfs vom 13.07.2016 dargestellt werden, sind in diesem *essential* mit einem „E" versehen, um deutlich zu machen, dass hier noch keine Verabschiedung erfolgt ist.

Für Kalenderjahre, die vor dem 01.01.2020 beginnen, sind die vorgenannten Vorschriften noch nicht anzuwenden.

Hinsichtlich der nach dem 25.11.2010 und vor dem 01.01.2020 angeschafften Registrierkassen ist folgende Änderung vorgesehen:

§ 30

[…] „Wurden Registrierkassen nach dem 25. November 2010 und vor dem 1. Januar 2020 angeschafft, die den Anforderungen des BMF-Schreibens vom 26. November 2010 (BStBl. I S. 1342), entsprechen und die bauartbedingt nicht aufrüstbar sind, so dass sie die Anforderungen des § 146a der Abgabenordnung nicht erfüllen, dürfen diese Registrierkassen bis zum 31. Dezember 2022 abweichend von § 146a und § 379 Absatz 1 Satz 1 und Absatz 4 der Abgabenordnung weiter verwendet werden"[1].

2.2.2.3 Inkrafttreten des Gesetzes

Das Gesetz tritt gemäß vorliegendem Gesetzentwurf am Tag nach der Verabschiedung in Kraft[1].

2.2.3   Die Neuregelung als Herausforderung

Die geplante Neuregelung ist für viele Unternehmer in den unterschiedlichsten Branchen als Herausforderung zu sehen.

▶   Deshalb: jeder betroffene Unternehmer sollte sich fachlich fundierten
Rat bei seinem steuerlichen Berater einholen!

Im Folgenden werden einige mögliche Fragestellungen zu den geplanten Neuregelungen aufgezeigt.

Die vorgenannte Neuregelung bzgl. des Einsatzes einer zertifizierten Software birgt viele praktische Fragen, wie z. B.

1. Was kostet die Umstellung auf ein System, welches den gesetzlichen Anforderungen entspricht (sofern bisher eine offene Kassenführung im Unternehmen üblich war)?
2. Was kostet die Zertifizierung?

3. Kann der Unternehmer sein bisheriges Kassensystem „upgraden" (lassen) oder muss er sich um ein neues System bemühen?
4. Was muss der Unternehmer tun, um sicher zu sein, dass durch den Einsatz des zertifizierten Systems, im Nachgang keine „bösen Überraschungen" (z. B. „verschluckte Buchungen" oder fehlerhalte Salden) zu erwarten sind?
5. Wer haftet im Schadenfall?
6. Muss im Fall einer Kassen-Nachschau vor Ort in den Geschäftsräumen geprüft werden oder beim steuerlichen Berater?
7. Welche Unterlagen müssen in elektronischer Form, welche in Papierform bei einer Kassen-Nachschau dem Außenprüfer vorgelegt werden?
8. Nach welchen Kriterien werden die Bußgelder für Ordnungswidrigkeiten festgesetzt?

Diese Liste kann sicherlich noch durch viele weitere Fragen ergänzt werden. Um den Rahmen dieser Lektüre nicht zu sprengen, soll es daher bei den vorgenannten Fragestellungen bleiben.

Fazit und allgemeine Hinweise zur Kassenbuchführung

3

Es wird bisher keinem Unternehmer gesetzlich vorgeschrieben, dass er für Zwecke der Kassenbuchführung eine elektronische Registrierkasse einsetzen muss. Hier kann nun der Selbstständige frei entscheiden, ob er nun eine elektronische Registrierkasse unter Berücksichtigung der vorgenannten Anforderung im Rahmen seines Geschäftsbetriebes einsetzt oder lieber weiterhin Kassenberichte (z. B. im Rahmen einer offenen Kasse) führt, aus denen die Bareinnahmen und – ausgaben hervorgehen.

Setzt der Selbstständige jedoch ein elektronisches System zum Zwecke der Kassenführung ein, so müssen aktuelle und zukünftige Anforderungen der GoBD bzw. dem geplanten Kassengesetz Rechnung getragen werden. Ansonsten drohen bei Nichteinhaltung diverse finanzielle Sanktionen, welche überflüssig und teuer sind.

Wie bereits erwähnt, besteht die Möglichkeit bei Vorliegen diverser Zweifel an der Ordnungsmäßigkeit der Kasse von einer Kassen-Nachschau auf eine Außenprüfung überzugehen.

Deshalb:

> ► Bitte fragen Sie in Ihrem konkreten Fall Ihren steuerlichen Berater! Die Inhalte dieser Lektüre dienen nicht als Ersatz einer Steuerberatung.

© Springer Fachmedien Wiesbaden 2017
K. Nickenig, *Kassenbuchführung,* essentials,
DOI 10.1007/978-3-658-15694-7_3

Wichtige Definitionen 4

Bargeschäfte
Geschäfte, welche mit Bargeld abgewickelt wurden. Unterschieden wird zwischen Bareinnahmen und Barausgaben.

Entgelt
Umsatzsteuerliche Bemessungsgrundlage zur Ermittlung der Umsatzsteuer-Traglast.

Kassenbuch
Im Kassenbuch werden Geschäftsvorfälle, welche bar abgewickelt werden erfasst. Hierzu zählen Bareinnahmen (z. B. Barzahlung eines Kunden) und Barausgaben (z. B. Barzahlung einer betrieblichen Tankrechnung).

Kassensturz
Zählen der vorhandenen Banknoten und Münzen zu einem bestimmten Tageszeitpunkt zur Feststellung des tatsächlichen Kassenbestandes; Teil der Außenprüfung.

Kassensturzfähigkeit
Wichtig bei Außenprüfungen oder Umsatzsteuer-/Kassen-Nachschau: die Fähigkeit eines Soll-/Ist-Vergleichs bei Saldo Kassenbericht und tatsächlich vorhandenem Bargeld

Kompatibilität
Anderer Begriff für Verträglichkeit/Vereinbarkeit

© Springer Fachmedien Wiesbaden 2017
K. Nickenig, *Kassenbuchführung*, essentials,
DOI 10.1007/978-3-658-15694-7_4

Option
Bewusstere Verzicht auf Steuerbefreiung im Sinne des § 9 UStG

Pflichtzeitraum
Aufbewahrungszeitraum von 10 Jahren (Aufbewahrungspflicht für Buchführungsunterlagen)

Sachverständiger Dritter
Zu den Sachverständigen Dritten zählen Personen, die über eine bestimmte Fachkenntnis verfügen. Im Rahmen des Steuerrechtes können das beispielsweise Finanzbeamte und Bankangestellte sein.

Umsatzsteuer-Traglast
Umsatzsteuer auf den Nettoerlös (Entgelt, § 10 UStG)

Vorsteuer
Forderung gegenüber dem Finanzamt; vom Unternehmer bezahlte Umsatzsteuer bei Kauf einer Ware oder einer Dienstleistung

Was Sie aus diesem *essential* mitnehmen können

- Einordnung der Kassenbuchführung in das betriebliche Rechnungswesen
- Ausgewählte unterschiedliche Kassenarten
- Bestehende Vorschriften zur Kassenführung in AO und HGB
- Vorgaben der GoBD
- Mögliche Fehlerquellen bei der Kassenbuchführung
- Gründe für die Verschärfung der gesetzlichen Vorgaben zur Kassenbuchführung
- Gesetzentwurf vom 13.07.2016: „Gesetz zum Schutz vor Manipulationen an digitalen Grundaufzeichnungen"

© Springer Fachmedien Wiesbaden 2017
K. Nickenig, *Kassenbuchführung*, essentials,
DOI 10.1007/978-3-658-15694-7

Literatur

Bundesministerium der Justiz und für Verbraucherschutz (Auszüge aus Gesetzestexten) sowie Schreiben des Bundesfinanzministeriums

1. http://www.bundesfinanzministerium.de/Content/DE/Gesetzestexte/Gesetzentwuerfe_Arbeitsfassungen/2016-07-13-KassenG-und-technische-VO-Kassen.html; und http://www.bundesfinanzministerium.de/Content/DE/Downloads/Gesetze/2016-07-13-KassenG.pdf;jsessionid=283C7589F0D590D679E6C8E0BC6A72AB?__blob=publicationFile&v=2Abruf am 09.08.2016
2. https://www.gesetze-im-internet.de/ao_1977/__146.html; Abruf am 09.08.2016
3. https://www.gesetze-im-internet.de/estg/__4.html; Abruf am 09.08.2016
4. https://www.gesetze-im-internet.de/estg/__11.html; Abruf am 09.08.2016
5. https://www.gesetze-im-internet.de/ustg_1980/__22.html; Abruf am 09.08.2016
6. https://www.gesetze-im-internet.de/ustg_1980/__9.html; Abruf am 09.08.2016
7. https://www.gesetze-im-internet.de/ustdv_1980/__63.html; Abruf am 09.08.2016
8. https://www.gesetze-im-internet.de/hgb/__238.html; Abruf am 09.08.2016
9. https://www.gesetze-im-internet.de/ao_1977/__140.html; Abruf am 09.08.2016
10. https://www.gesetze-im-internet.de/ao_1977/__141.html; Abruf am 09.08.2016
11. https://www.gesetze-im-internet.de/hgb/__6.html; Abruf am 09.08.2016
12. https://www.gesetze-im-internet.de/ustg_1980/__4.html; Abruf am 09.08.2016
13. http://www.bundesfinanzministerium.de/Content/DE/Downloads/BMF_Schreiben/Weitere_Steuerthemen/Abgabenordnung/Datenzugriff_GDPdU/2014-11-14-GoBD.html; Abruf am 09.08.2016
14. https://www.gesetze-im-internet.de/ao_1977/__145.html; Abruf am 09.08.2016
15. https://www.gesetze-im-internet.de/ao_1977/__147.html; Abruf am 09.08.2016

© Springer Fachmedien Wiesbaden 2017
K. Nickenig, *Kassenbuchführung*, essentials,
DOI 10.1007/978-3-658-15694-7

16. https://www.gesetze-im-internet.de/ao_1977/__146.html; Abruf am 09.08.2016
17. https://www.gesetze-im-internet.de/ao_1977/__379.html; Abruf am 10.08.2016
18. https://www.gesetze-im-internet.de/ao_1977/__193.html; Abruf am 10.08.2016
19. https://www.gesetze-im-internet.de/ao_1977/__90.html; Abruf am 10.08.2016
20. https://www.gesetze-im-internet.de/ao_1977/__378.html; Abruf am 10.08.2016